寂聴精撰

美しいお経

瀬戸内寂聴

中央公論新社

幸せな時にはありがとう
苦しい時には力を下さい
淋《さび》しい時には聞いて下さい
いつも
地球のすべての人が
幸福で平和で
ありますように

寂庵の祈り

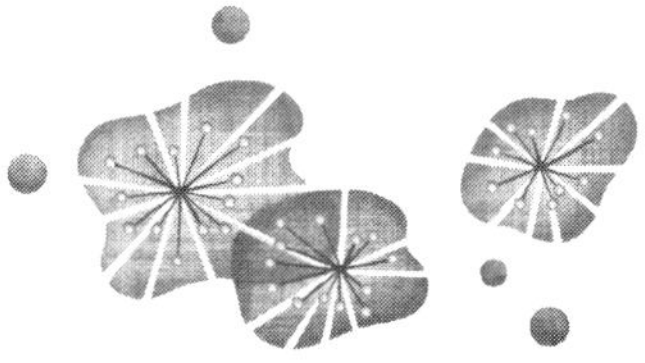

本書は二〇〇七年六月に
中央公論新社より刊行された
『美しいお経』の新装・改版です。

装幀――藤田知子
装画・本文イラスト――増島加奈美

目次

寂聴精撰

美しいお経

はじめに

いつの頃からか、私の胸にこういうスタイルの、こういう内容の本を書きたいという想いが湧《わ》いていた。

どこへでも持ち運べて、いつでも気軽に開いたら、どの頁《ページ》にも短い美しいお経や詩歌の言葉が囁《ささや》きかけてくれる。疲れた時、淋《さび》しい時、心に屈託をかかえている時、孤独で泣きたい時、あるいは幸福感で心が満ち足りて思わず誰かに話しかけたいような時、こっそり開いてみたら、自分の心を見すかしたような、なつかしい美しいお経や詩の短い言葉が応えてくれている。

いつかそれを実現したいと念じながら、慌《あわただ》しい雑なその日暮しに追われて、その本の出現は見ることもなく歳月が流れていた。

二〇〇四年の春から、折に触れ、お経の中から、特に耳に快い章句を選び出しノートにつけはじめた。

五十一歳の秋、出家得度《とくど》した俄《にわ》か坊主の私は、今もってお経をあげるのは我ながら下手だと思っている。法臘《ほうろう》（出家した時からの年齢の数え方）はようやく三十二歳である。天台宗《てんだいしゅう》尼僧として仏事に専念しているわけではなく、今もまだ現役で文筆の仕事も続けている。

仏教で暮しの費用は需《もと》めないという私の主義なので、ものを書くことを止めたら食べていけない。嵯峨野《さがの》に結んだ単立寺院の寂庵《じゃくあん》の暮しも、不思議な仏縁によって、思いもかけず住職を命じられた岩手県浄法寺《じょうぼうじ》町の天台宗の古刹《こさつ》天台寺の復興の費用も、すべてものを書いて得た私費で賄《まかな》ってきた。

文章の仕事の方が僧侶の修行より時間を取られている。そういう不埒《ふらち》な破戒坊主をも、み仏は見離し給わず、しっかりと私の背に強い綱を結びつけて、常に引き寄せて下さっている。

お経とは仏教徒が大切にする聖典で、キリスト教の『聖書』、イスラムの『コーラン』のようなものである。お経は釈迦《ブッダ》の教えを訳したものであるけれど、釈迦自身が書かれたものではなく、釈尊《しゃくそん》の示寂《じじゃく》（死）後、弟子たちが集って、忘れないうちにと、聞き覚えている教えを書きとめたものであった。

その時の弟子たちの集会を「結集《けつじゅう》」といった。

弟子のうちで最も長く釈尊の身辺に従っていた侍者のアーナンダが、覚えている釈尊の教えを語る役に当たった。アーナンダは教えを伝える前に

必ず、

「私はこのように聞きました」

と言った。この言葉が漢訳では「如是我聞《にょぜがもん》」となっている。

サンスクリットでは経をスートラという。スートラとは経糸《たていと》の意味がある。釈尊在世の二千五百年前には、紙も筆もなかったので、貝多羅葉《ばいたらよう》という肉厚の大きな葉っぱに、とがった石などで書きつけた。その葉の片隅をとじ合せたものがお経《スートラ》となった。

日本にはインドから北方を通り、ヒマラヤを越え、中国に渡り、朝鮮を経て伝わってきた、またインドの南から海を渡って伝わってきたのもあった。すべて漢訳である。奈良朝に伝わったままのお経が、今もそのまま漢訳で読まれている。

ひそかに一般的なお経の現代語訳を試みてみたが、漢訳の調子がよくて、それ以上に美しく聞える訳が出来ない。

この本ではあまりこだわらないで、漢訳のままや、現代語訳をあわせて扱ってみようと思う。

お経は、持《じ》経、誦《ず》経、写《しゃ》経すべてに功徳《くどく》があると信じられている。

その有難いお経の短い一節であろうと、功徳に変りはないであろう。

また、この本には、本来のお経の他に、私たちの祖先が伝えてきた美しい詩歌、日本の宗祖たちや高僧たちの、美しい言葉も加えてみた。

末世《まっせ》汚濁《おだく》の現代に生きる私たちにとっては、それらの美しい言葉も、本来のお経のように有難くなつかしく、心にしみるからである。声に出してくり返し口ずさむだけで、心がおだやかになりますように。

1 仏に帰依する誓い

ブッダム・サラナム・ガッチャーミ
ダンマム・サラナム・ガッチャーミ
サンガム・サラナム・ガッチャーミ

自《じ》帰《き》依《え》仏《ふ》
自帰依《え》法《ほう》
自帰依《え》僧《そう》

私は仏に帰依《きえ》します
私は法に帰依します
私は僧に帰依します

「三帰依文《さんきえもん》」

「三帰依文《さんきえもん》」といって、人々（衆生《しゅじょう》）が仏に帰依することを誓う祈りの言葉です。パーリ語と漢訳と日本語訳を並べました。

仏教では、仏、法、僧の三つを信仰の根本として大切にします。仏はブッダ。法はダルマ。僧はサンガです。帰依とは、身も心も捧げますということ。理屈ぬきで信じるということです。

インドを巡礼すると、世界各国の人がパーリ語の「三帰依文」を称《とな》えていました。

2 仏前でまずあげるお経

我《が》昔《しゃく》所《しょ》造《ぞう》諸《しょ》悪《あく》業《ごう》　皆《かい》由《ゆう》無《む》始《し》貪《とん》瞋《じん》痴《ち》
従《じゅう》身《しん》語《ご》意《い》之《し》所《しょ》生《しょう》　一《いっ》切《さい》我《が》今《こん》皆《かい》懺《さん》悔《げ》

私が昔から造ってきた
すべての悪い行いは、
いつから始まったともしれない
はるかな昔から私に具《そな》わった
「貪《むさぼり》」と「瞋《いかり》」と「痴《おろかさ》」が原因となり、
体と言葉と心が生んだものです。
私は過去のこれらの罪のすべてを、
今こそ、心からみ仏に懺悔《ざんげ》します。

『懺《さん》悔《げ》文《もん》』

『懺悔文《さんげもん》』というお経です。仏前で勤行《おつとめ》する時、まずあげます。

貪《むさぼり》、瞋《いかり》、痴《おろかさ》は、三毒といって貪欲《とんよく》、瞋恚《しんに》、愚痴《ぐち》ともいい、人間の心に生れた時から巣くっている悪の素です。漢訳のお経をくり返し称えていると、意外になめらかな言葉で、馴れてくると、いつの間にか快い気分になっています。

3 子供が欲しい時

若有女人《にゃくうにょにん》　設欲求男《せっちょくぐなん》　礼拝供養《らいはいくよう》
観世音菩薩《かんぜおんぼさ》　便生福徳智慧之男《べんしょうふくとくちえしなん》
設欲求女《せっちょくぐにょ》　便生端正《べんしょうたんじょう》　有相之女《うそうしにょ》
宿植徳本《しゅくじきとくほん》　衆人愛敬《しゅにんあいきょう》

ここにひとりの女がいて、
男の子が欲しいと観音さまに祈ったら、
福徳智慧《ふくとくちえ》を持った男の子が生れるだろう。
もし女の子が欲しいと祈ったなら、
顔の美しい婦徳《ふとく》を具《そな》えた、誰にでも
愛し敬われる女の子が生れるだろう。

『観音経《かんのんぎょう》』の一節

『観音経《かんのんぎょう》』の中の一節です。観音さまは衆生《しゅじょう》の現世の抜苦与楽《ばっくよらく》をかなえて下さる仏さまです。子供の生れない時、観音さまに願《がん》をかけてお祈りすれば子が授かるともいわれています。

この章は、現実に子供を授かるというのではなく、二求章《にぐしょう》といって二つの願いをあげているのです。男の子を得たいというのは、智慧《ちえ》を得たいこと、女の子を得たいとは慈悲の心を得たいと解釈します。

妊娠した女性が腹帯を持ってくると、私は、この『観音経』の一節を腹帯に書いて、供養《くよう》してあげています。

4 相手を思いやる想像力

東ニ病気ノコドモアレバ
行ツテ看病シテヤリ
西ニツカレタ母アレバ
行ツテソノ稲ノ束ヲ負ヒ
南ニ死ニサウナ人アレバ
行ツテコハガラナクテモイ、トイヒ
北ニケンクワヤソシヨウガアレバ
ツマラナイカラヤメロトイヒ（中略）

サウイフモノニ　ワタシハ　ナリタイ

宮沢賢治《みやざわけんじ》「雨ニモマケズ」より

宮沢賢治《みやざわけんじ》（一八九六―一九三三）は熱烈な『法華経《ほけきょう》』の信者でした。有名な「雨ニモマケズ」の詩は、賢治の慈悲心の行を説いたものですが、それはそのまま観音《かんのん》さまの慈悲行をあらわしています。

相手を思いやる想像力があれば、相手の立場が見えてきて、相手の苦しみ悲しみがわがことのようにわかり、同情でき、あわれみの心が湧き上がります。それが慈悲心なのです。

5 気分が落ち込んだ時には

妙《みょう》音《おん》観《かん》世《ぜ》音《おん》　梵《ぼん》音《のん》海《かい》潮《ちょう》音《おん》
勝《しょう》彼《ひ》世《せ》間《けん》音《のん》　是《ぜ》故《こ》須《しゅ》常《じょう》念《ねん》

……………………

観《かん》世《ぜ》音《おん》は妙《みょう》音《おん》であり、梵《ぼん》音《のん》であり、
海《かい》潮《ちょう》音《おん》である。
それは世間のあらゆる音にすぐれている。
それ故に常に念じなさい。

『観《かん》音《のん》経《ぎょう》』偈《げ》の一節

妙音《みょうおん》とは、この世の森羅万象《しんらばんしょう》のかなでるすべての美しく快い音です。『観音経《かんのんぎょう》』の中で最も美しい句をあげろといえば私は迷わずこの四句を推します。何という堂々としたひびきを持つ限りなく豊かな言葉でしょう。口にするだけで、あたたかな海に抱きしめられているような幸せな気分になります。

気分の落ち込んだ時、この句を声をあげて称えるといつの間にか晴々とした心になっています。

6 幸福の海に浮かぶような気分に

具《ぐ》一切《いっさい》功徳《くどく》　慈《じ》眼《げん》視《じ》衆生《しゅじょう》
福聚海《ふくじゅかい》無量《むりょう》　是《ぜ》故《こ》応《おう》頂礼《ちょうらい》

…………………………

観世音《かんぜおん》は一切の功徳《くどく》を具《そな》えて
慈《いつく》しみの眼によって衆生《しゅじょう》を見られる。
福聚《ふくじゅ》が海のように無量《むりょう》である。
それだから、足を額に頂いて
礼拝しなさい。

『観音経《かんのんぎょう》』偈《げ》の一節

『観音経《かんのんぎょう》』偈《げ》の一節です。偈とは仏の徳または教えなどを賛美する韻文体《いんぶんたい》の経《きょう》文《もん》です。『観音経』を読むことが出来なくても、この四句は覚えて称えろといわれています。幸福が集って海のように広大無量《こうだいむりょう》、限りなく広がっているというのは、何という豊かな堂々としたイメージでしょう。

この四句を声に出し称えるだけで、体が幸福の海に浮かんでいるような豊かな気分になります。

7 仏を歌う平安の流行歌

仏は常に在《いま》せども
現《うつつ》ならぬぞあはれなる
人の音せぬ暁《あかつき》に
仄《ほの》かに夢に見えたまふ

『梁塵秘抄《りょうじんひしょう》』

「今様《いまよう》」の中の代表的な歌です。

「今様」とは平安時代末期に世の中で流行した七五調の歌謡でした。今でいう流行歌、演歌でした。

奈良朝の歌は大方《おおかた》五七調だったのですが、平安時代の中期から末期にかけて七五調になり、七五調を現代的で今ふうだというので、「今様」と呼んだようです。

後白河法皇《ごしらかわほうおう》は今様が大好きで、咽喉《のど》から血が出るほど練習をしたと伝わっています。その上、今様を集大成して『梁塵秘抄《りょうじんひしょう》』を編纂《へんさん》されました。

8 極楽の花の香りにつつまれる

池《ち》中《ちゅう》蓮《れん》華《か》　大《たい》如《じょ》車《しゃ》輪《りん》
青《せい》色《せき》青《せい》光《こう》　黄《こう》色《せき》黄《こう》光《こう》
赤《せき》色《せき》赤《せき》光《こう》　白《はい》色《せき》白《はい》光《こう》
微《び》妙《びょう》香《きょう》潔《けつ》

極楽《ごくらく》の池には
車輪のような大きな蓮《はす》の花開き、
青い花は青い光を
黄色い花は黄色い光を
赤い花は赤い光を
白い花は白い光を発し
たとえようもない
清らかなかぐわしい香を
ただよわせている。

『阿《あ》弥《み》陀《だ》経《きょう》』の一節

『阿弥陀経《あみだきょう》』の中の極楽浄土《ごくらくじょうど》の描写です。

声に出して読んでいると、あり得ないそうした極楽の池の花が、目に見えてくるようで、清らかな匂いがあたりに満ち、いつの間にか自分がその匂いにつつまれているように思われるから不思議です。

9 一番美しい祈りの姿勢

爾時《にじ》　無尽意菩薩《むじんにぼさ》　即従座起《そくじゅうざき》
偏袒右肩《へんだんうけん》　合掌向仏《がっしょうこうぶつ》　而作是言《にさぜごん》
世尊《せそん》　観世音菩薩《かんぜおんぼさ》　以何因縁《いがいんねん》
名観世音《みょうかんぜおん》

その時、無尽意菩薩《むじんにぼさつ》が立ち上り、
右肩を脱いであらわし、
合掌《がっしょう》して仏に向い質問した。
「世尊《せそん》よ、観世音菩薩《かんぜおんぼさつ》は、
どういう因縁《いんねん》により
観世音と名づけられるのですか」

『観音経《かんのんぎょう》』の一節

『観音経《かんのんぎょう》』のはじめの一節です。その時とはお経では爾時《にじ》と書きます。この場合の爾時は、お釈迦《しゃか》さまが前のお経を説き終った時をさします。お釈迦さまのお説教をたくさんの人々が聞いていた時、一座の中から無尽意《むじんに》という智慧《ちえ》のある菩薩《ぼさつ》が立ち上って質問しました。その時無尽意菩薩は右の肩を脱ぎ合掌《がっしょう》したというのです。

右の肩を脱ぐのはインドの礼儀です。右腕は利き腕なので、肩を出すというのは、いざという時の駆け出す姿勢です。つまり緊張をあらわします。僧侶の袈裟《けさ》も右肩を脱いでかけています。

合掌は人間の姿勢の中で一番美しいものです。身も心も捧げます、どうか救って下さいという祈りをあらわします。

合掌すれば自然に自分の心も和《やわ》らぎ、相手の心も和らげます。インドでは左手は不浄《ふじょう》とされているので右手を合わせることで、左手を浄《きよ》める意味もあります。

合掌したら悪いことはできません。武器が持てません。相手を攻撃できません。セックスもできません。お酒も呑《の》めないし、煙草《たばこ》も吸えません。つまり仏のしてはいけないという戒律が守れます。

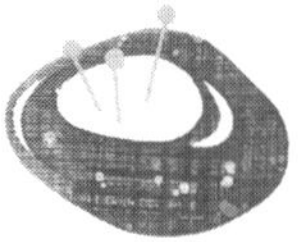

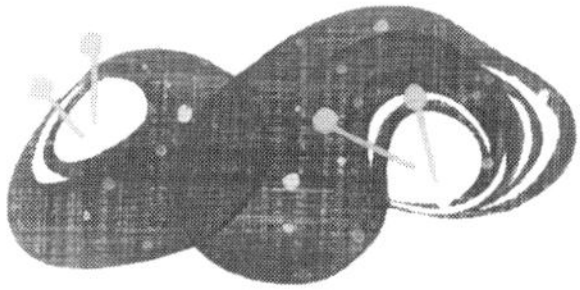

10 仏教の極意とは

仏心《ぶっしん》は慈《じ》と悲《ひ》なり
大慈《だいじ》は則《すなわ》ち楽を与え
大悲《だいひ》は則ち苦を抜く

仏のみ心は慈と悲です。
仏の大いなる慈しみは人々に楽しみを与え、
仏の深い悲《あわ》れみは人々の苦しみを
抜き去ってくださいます。

空海《くうかい》

弘法大師空海《こうぼうたいしくうかい》（七七四―八三五）の言葉です。

「天長《てんちょう》天皇大極殿《たいごくでん》雩《う》願文《がんもん》」の中にあります。

仏教の極意は一言でいえば慈悲につきます。

人の世の抜苦与楽《ばっくよらく》が、仏の大いなる悲願です。

私たちは日常、幸福をもたらして下さいと仏に祈り、苦しい時は、この苦しみを早く抜き去って下さいと祈っています。

11 口に出して読めば心が静まる

眠れない者には　夜はとても長い
疲れきった者には　道はとても長い
愚かな者には　一生はとても長く
人生の正法《しょうぼう》をついに知ることはない

『法句経《ほっくぎょう》』六〇番

『法句経《ほっくぎょう》』六〇番の言葉です。

『法句経』は『ダンマパダ』という原始経典で、パーリ語で書かれた、最も有名なお経です。ダンマは「法」で、人間の真理という意味、パダは「ことば」です。「真理のことば」とも訳されます。全篇短い詩です。

口に出して読めば心が静まります。

「愚かな者」というのは、頭が悪い者という意味ではなく、人間の生き方や人生の意味について真剣に考えようとしない者のことをさしています。

12

花を追いかけているうちに

花を摘むのに夢中になっている人が、まだ望みを果さないうちに、死神がかれを征服する。

人生の花、つまり欲望の対象を手に入れようとして、夢中になり、まだそれが手に入らないのに、死神がその人を征服しさっさとさらってしまう。

『法句経《ほっくぎょう》』四八番

13 怨みをすててこそ

この世においては、怨《うら》みに報いるに怨みを以てしたならば、ついに怨みの息《や》むことがない。怨みをすててこそ息む。これは永遠の真理である。

中国には「怨みに報いるに徳を以てす」という言葉があります。地球に平和をもたらすには、この言葉をすべての人が心に刻みつけるべきです。

『法句経《ほっくぎょう》』五番

14 西行の歌は真言

春風の花を散らすと見る夢は
さめても胸の騒ぐなりけり

夢に春風に美しく散りいそぐ花を見た。
目がさめても夢の中のはらはらした切ない想い
がかすかな動悸になって残っている。

うら／＼と死なんずるなと思ひとけば
心のやがてさぞとこたふる

うらうらと死にたいなど、
何と美しい言葉でしょう。
死をそういうふうに捕えたら、
心がすぐそうだ、そうだ、
とうなずいている。

年たけて又こゆべしと思ひきや
命なりけりさやの中山《なかやま》

……………

六十九歳の時、西行《さいぎょう》は奥州《おうしゅう》へ旅して、
小夜《さよ》の中山《なかやま》を越えました。その時の歌です。
昔の旅は苛酷で命がけだったのです。

風になびく富士の煙の空にきえて
行方も知らぬ我が思ひかな

………

行方も知らぬ我が思ひかな、に
西行の詩魂がみなぎっている。

ねがはくは花のもとにて春死なむ
そのきさらぎの望月《もちづき》のころ

……………………

あまりにも有名な歌。
西行《さいぎょう》の願いはかなえられ、
文治《ぶんち》六年二月十六日釈迦《しゃか》入滅《にゅうめつ》の頃に
河内《かわち》の弘川寺《ひろかわでら》で示寂《じじゃく》している。
七十三歳であった。

仏には桜の花をたてまつれ
わが後の世を人とぶらはば

……

この仏は死後の西行自身のことであろう。
そしてこの願望も後世に見事にかなえられている。

西行『山家集《さんかしゅう》』

西行《さいぎょう》は、一一一八年鳥羽《とば》天皇の元永《げんえい》元年に生れ、一一九〇年、文治《ぶんち》六年二月十六日に死んでいます。

俗名は佐藤義清《のりきよ》で、代々武勇の誉《ほまれ》高い裕福な家に生れ、九代前の先祖に俵藤《たわらとう》太秀郷《だひでさと》がいます。

義清も兵法に通じ射術の腕もたち武術にすぐれ、鳥羽上皇の北面の武士となり、左兵衛尉《さひょうえのじょう》に任ぜられ、結婚して、女の子も生れていました。何不足もない幸福な生活をしていたように見えていました。

ところが突然、二十三歳の時、出家得度《とくど》してしまいました。

出家の理由はわかりません。私は西行の出家の理由を知りたく思い、その生涯をしらべて『白道《びゃくどう》』という小説を書きましたが、結局、理由はわからないということがわかっただけです。

漠とした生存への不安、社会の将来への不安、時勢から受ける無常観等々が複合していると思われます。

私は自分の経験からして、自分が思いつめて出家したというより、何か大いなる聖なる力によって、首根っこを摑まれ、ぐいぐい引っ張られたのではないかと思います。私の出家の時がそうでした。

現実的な不幸な事件にあったとか、つまり愛する者との死別とか、生活上の失敗とか、失意とか、そういう形而下《けいじか》的な事柄では出家はとげられないのです。もし、そういう理由で出家したとしても、その人の出家は長つづきしません。いろいろな原因が重なって、出家へと何かによって導かれていくのだと思います。

西行は出家して、きびしい修行も真剣に行じています。

しかし一方で歌を詠みつづけ、歌人としての名を高めてもいます。つまり歌を詠む僧侶ということです。

西行は自分の歌を真言《しんごん》だとさえ言ってはばかりませんでした。

『新古今和歌集《しんこきんわかしゅう》』に西行の歌を九十四首も選ばれた後鳥羽院《ごとばいん》は、口伝《くでん》に西行のことを生得《しょうとく》の歌人、並々の人の真似出来ない歌詠みで、「不可説《ふかせつ》の上手《じょうず》なり」と絶讃されています。

『山家集《さんかしゅう》』は西行の歌を集めたものですが、ここには西行の自然詩人、または抒情詩人としての面目があふれています。仏教の帰依者《きえしゃ》としての一面もよく歌われています。

花や月、恋、旅、無常、何を詠んでも、西行の美意識の卓抜さがあふれていて、口ずさめば心が洗われます。

15

長寿の秘訣

人は長生きせんと思えば
嘘《うそ》をいうべからず
嘘は心をつかいて
少しの事にも心を労せり
人は心気だに労せざれば
命ながき事疑うべからず

長生きしたければ嘘をいうな。
嘘をつくとそれをごまかそうとして、
ちょっとしたことにも
嘘がばれないかと心をくだきます。
人は心さえ労さなければ、
長生きすることを疑うことはないのです。

夢窓国師疎石《むそうこくしそせき》

夢窓国師疎石《むそうこくしそせき》（一二七五―一三五一）は中世の禅僧として傑出していました。
また作庭の名人としても知られています。京都嵐山《あらしやま》の天龍寺《てんりゅうじ》の庭は夢窓国師の作として有名です。

長寿の秘訣として教えた国師の言葉です。

16

家康に教えた長寿法

気は長くつとめはかたく色うすく
食細うして心ひろかれ

短気は短命のもと、
気は長くしてゆったりした心を持ち、
自分の仕事はなまけずしっかり勤め、
性欲はほどほどに、
大食しないようにして、
心は常に広く持ち、
何かにつけかっかと怒らないようにせよ。

天海《てんかい》僧正

これも長寿法の教えです。天海《てんかい》僧正の言葉です。天海僧正（一五三六―一六四三）は百八歳の長寿を全うして、家康《いえやす》、秀忠《ひでただ》、家光《いえみつ》の徳川三代にわたり、徳川幕府の精神的指導者となった人物です。

天台宗《てんだいしゅう》の僧侶で信長《のぶなが》の焼打ちで比叡《ひえい》山が全山焼失した時は比叡山延暦寺《えんりゃくじ》にいました。その延暦寺を復興した後、江戸に東叡山寛永寺《とうえいさんかんえいじ》を創建しました。その時すでに九十歳になっています。日光東照宮の落慶《らっけい》法要を亡くなる三カ月前に勤めています。つまり百八歳の最期まで現役で活躍した健康体だったのです。

家康に長寿法を求められて、この歌を教えたと伝えられています。

17 生と死と還た双つながらに美し

生と死の譬《たと》えを識《し》らんと欲せば
且《しばら》く氷と水を将《も》って比《たと》えん
水結ぼるれば即ち氷と成《な》り
氷消《と》くれば返《かえ》って水と成る
已《すで》に死すれば必ず応《まさ》に生きるべく
出で生まるれば還《ま》た復《また》に死す
氷と水とは相傷《そこな》わず
生と死と還た双《ふた》つながらに美《よ》し

生と死を何かに譬えようとするなら
氷と水の関係をあげようか。
水が凍れば氷となり
氷がとければ水になる。
人は死ねば必ずまた生きてくるし
生れ出てくればまた必ず死んでいく。
氷と水は互いに相手をそこなわない。
生と死もまた双つともに美しい。

寒山《かんざん》の詩

唐《とう》代の僧寒山《かんざん》と拾得《じっとく》は中国天台山《てんだいさん》にいたという仙人。ぼろぼろの衣服に蓬髪《ほうはつ》でしたが、詩人で秀れた詩を多く遺しています。

18 好調な時にこそ

勢い、使い尽くす可《べ》からず

「法演《ほうえん》の四戒《しかい》」

禅の名著『碧巌録《へきがんろく》』を大成した宋《そう》代の高僧仏果《ふっか》禅師（一一三五年没）に師の五《ご》祖法演《そほうえん》が与えた四つの戒語《かいご》です。「法演の四戒《しかい》」といわれています。

その第一がこの言葉です。

はじめの「勢い、使い尽くす可《べ》からず」というのについて、法演は、「勢い、もし使いつくさば、禍《わざわい》必ず至る」といっています。

人間は自分の力に自信を持ち、調子のいい、幸運の時は、自分の全力を使いはたして、更に幸運を得ようと勢いこみます。好調の時、ツキのついている時にこそ、調子に乗らず、自分の心を引きしめて、慎重に歩めという教えです。

19

幸運な時にこそ

福、受け尽くす可《べ》からず

「法演《ほうえん》の四戒《しかい》」

「法演《ほうえん》の四戒《しかい》」の第二の語です。

「福、もし受けつくさば、縁《えん》必ず孤《こ》なり」

と言っています。

自分の幸運をいい気になって、当たり前のように思い受けつづけて、感謝も忘れていたら、必ず、幸福の縁の糸もきれて、気がついたら孤独になっているということです。

20 規則ずくめは、いや

規《き》矩《く》、行ない尽くす可《べ》からず

「法演《ほうえん》の四戒《しかい》」

「法演《ほうえん》の四戒《しかい》」の第三です。

「規矩《きく》、行ない尽くさば、人、必ずこれを繁《はん》とす」とあります。規矩とは、規律とか手本とかいう意味で、正しい、きびしい規則ずくめで人を導こうとすれば、必ず相手は窮屈がり、うるさく感じて、かえって反発し、長所も伸びず、ひがんでしまうということです。

繁とはうるささがることです。管理職のような人の上に立つ立場の者は、心すべきことでしょう。どこかで規則ずくめの中に、大きく抜けたところがなければ、人はいらいらして、かえって仕事も充分出来なくなるのでしょう。

21 説明過多は説明下手

好語《こうご》、説き尽くす可《べ》からず

「法演《ほうえん》の四戒《しかい》」

「法演《ほうえん》の四戒《しかい》」の最後の語です。

法演は「好語《こうご》、説き尽くさば、人、必ずこれを易《やす》んず」と言っています。好語とは、人から言われて快い言葉、または愛語ともとれます。美辞麗句も好語でしょう。また真理の言葉やすぐれた宗教者や哲学者の教えの言葉も好語でしょう。

いずれにしても、どのような意味の好語でも、あまりこまかく説き尽くされると、かえって感銘が薄くなります。聞く人はむしろ安易に上すべりに聞き流してしまいます。法演は、何事も最後の最後まで果し尽くさないこと、つまりやりすぎないことをすすめています。過ぎたるは及ばざるがごとしです。

22 生れた時もひとり、死ぬ時も

生ぜしもひとりなり
死するも独《ひとり》なり
されば人と共に住するも独なり
添い果《は》つべき人なきゆえなり

人間は生れた時もひとりである。
死ぬ時もまたひとりで死ぬ。
それ故、たとい家族と一緒に暮らしても
やはり自分は結局ひとりで
家族だからといって
理解しあえるものではない。
結局人間は死ぬまで身も心も一つにとけあって
添いとげるという人はいないからである。

『一遍上人語録《いっぺんしょうにん》』

『一遍上人語録《いっぺんしょうにんごろく》』の中の言葉です。一遍は時宗《じしゅう》の宗祖です。鎌倉時代中期の延応《えんおう》（一二三九）年伊予国《いよのくに》（愛媛県）道後《どうご》に生れています。生家河野《こうの》家は武家で祖父通信《みちのぶ》が承久《じょうきゅう》の乱（一二二一年）で、後鳥羽《ごとば》上皇につき、幕府に反して敗れたため、奥州《おうしゅう》江刺《えさし》に流され、一族は没落しました。

一遍の生れる十八年前の出来事でした。

十歳の時、母の死を機に父が出家させています。十三歳の時、九州の太宰府《だざいふ》の聖達《しょうだつ》の弟子になり、十二年間、浄土宗の教えを受けています。聖達は、法然《ほうねん》の弟子の証空《しょうくう》の弟子だったからです。

父の通広《みちひろ》が死んだ時、故郷に帰り、河野家を継ぎ、結婚し、子供も生れています。妻の他に家に愛人も置き、その女にも子供が生れています。

それからまた出家し直して、今度は家も妻も子も捨て遊行《ゆぎょう》の旅に出ています。文永《ぶんえい》八（一二七二）年一遍三十三歳の春のことです。

この旅には愛人の超一《ちょういち》も、その間に生れた幼い子供の超二《ちょうに》も伴っています。二人とも僧形《そうぎょう》になっています。しかしこの二人は旅の途中で、「放ち捨てつ」というはげしい言葉で帰し、一人の旅をつづけるのです。

この旅の出発から正応《しょうおう》二（一二八九）年八月二十三日兵庫の観音堂《かんのんどう》（現真光《しんこう》寺《じ》）で示寂《じじゃく》するまでの行状を弟子の聖戒《しょうかい》が描き遺したものが『一遍聖絵《ひじりえ》』として、国宝になっています。その巻物によって、一遍の信仰や修行の様がよくわかります。他に『一遍上人絵伝』や『一遍上人語録』が、一遍の人となりや信仰を伝えています。

23 捨ててこそ

畳一畳しきぬれば
狭《せば》しとおもふ事もなし
念仏まふす起《おき》ふしは
妄念おこらぬ住居《すまい》かな
道場すべて無用なり

たたみ一畳敷く広ささえあれば
せまいと思うことはない。
念仏に明けくれる日常生活は
迷いの心などさらに起らない生活である。
念仏修行するには道場など必要ではない。

『一遍上人語録《いっぺんしょうにん ごろく》』（百理口語《ひゃくりくご》）

わが門弟子《もんていし》におきては、葬礼の儀式をととのふべからず。野に捨て獣にほどこすべし。但《ただし》在家の者、結縁《けちえん》のこゝろざしをいたさんをば、いろふにおよばず。

私の門弟子たちは、私の死後、葬礼の儀式を整えて盛大に行ってはならない。遺骸は野に捨てて、獣の餌に与えるがよい。ただ在家の人が、仏縁を結びたいという気持で、葬礼をしようというのであれば、そのましたいようにさせ、あれこれ口を出さないのがよい。

『一遍上人語録《いっぺんしょうにん》』(門人伝説)

捨聖《すてひじり》といわれた一遍《いっぺん》は常に「捨ててこそ」と口にしていました。いよいよ死がせまったことを自覚した時、『阿弥陀経《あみだきょう》』を読誦《どくじゅ》しながら、それまで大切に持っていた書籍や経典や、自分の書いたものを一切合財、焼き捨ててしまったので

す。そしてその作業が終った時、

「一代の聖教《しょうぎょう》皆尽きて、南無阿弥陀仏《なむあみだぶつ》になりはてぬ」

といいきりました。これは、

「釈尊《しゃくそん》が生涯かけて説かれた教えをいろいろ学んできたけれど、つきつめてみれば、南無阿弥陀仏という一語になってしまった」

ということです。

日頃言っていた「捨ててこそ」を見事実践して見せたのです。自分の遺体すら、野に捨てよと弟子に命じています。

　ものがあふれ過ぎた今の時代にこそ考えさせられる言葉です。

24
徹底的に自己反省する

まことに知んぬ。悲しきかな愚禿親鸞《ぐとくしんらん》、愛欲の広海に沈没《ちんもつ》し、名利《みょうり》の太山《たいせん》に迷惑して、定聚《じょうじゅ》の数に入《い》ることを喜ばず、真証の証《さとり》に近づくことを快《たの》しまず。恥ずべし傷むべし。

今本当に知った。悲しいことよ愚禿親鸞この私は、愛欲の広く深い海におぼれ沈み、名誉や利益を求める深い山に迷って、仏になるべきと決っている（正定聚に入る）運命を喜ばない。真実の悟りに近づくことも楽しまない。そんな自分はまことに恥ずかしいし、実に悲しいことである。

親鸞《しんらん》『教行信証《きょうぎょうしんしょう》』（信巻《しんのまき》）

親鸞《しんらん》（一一七三―一二六二）は浄土真宗の宗祖です。日野有範《ひのありのり》の子として京都山科《やましな》の日野の里に生れています。

九歳の時、青蓮院《しょうれんいん》で得度《とくど》し比叡山《ひえいざん》に登りました。比叡山では堂僧（修行僧）だったらしいのですが、くわしい修行の様子は伝わっていません。

二十年間の求道《ぐどう》の末、二十九歳で比叡山を降り、京都の六角堂《ろっかくどう》に参籠《さんろう》して、聖徳太子《しょうとくたいし》の示現《じげん》を夢告《むこく》されたといいます。吉水《よしみず》にいた法然《ほうねん》（一一三三―一二一二）を訪ね弟子になります。時に法然六十九歳でした。

親鸞は四十歳も年長の、法然上人の説く称名《しょうみょう》念仏だけで救済されるという教えを信じ、法然に傾倒して帰依《きえ》して迷わなかったのです。たとい法然上人にすかされても（だまされても）自分はついていくと宣言しています。

親鸞三十五歳の時、法然の新しい仏教が民衆に広まり人気があるのを憎んでいた奈良や叡山《えいざん》の既成仏教からきびしい弾圧を受け、法然は四国に流罪となり、親鸞も越後《えちご》の国府《こくふ》（上越市）に流されます。それ以来関東に住み、六十二歳まで京都に帰ることはありませんでした。

九十歳で示寂《じじゃく》するまでの三十年ほどは、著述に専念しています。『教行信証《きょうぎょうしんしょう》』『浄土和讃《じょうどわさん》』『高僧和讃《こうそう》』『正像末和讃《しょうぞうまつ》』などが著わされています。

親鸞は生涯に名前を度々替えています。

法然門下の時は「綽空《しゃっくう》」と名乗っていました。晩年は「善信《ぜんしん》」とも名乗っています。

愚禿《ぐとく》は流罪以後のことです。流罪になった時、還俗《げんぞく》させられ俗名をつけられたので、

「しかればすでに僧にあらず俗にあらず。このゆゑに禿の字を以て姓とす」

と『教行信証』の後序の中に書いています。

天台宗《てんだいしゅう》の開祖最澄《さいちょう》（七六七―八二二）は、「願文《がんもん》」の中に自分のことを「愚《ぐ》が

中の極愚」と書いています。

法然は「愚痴《ぐち》の法然」と自称しています。また「愚者《ぐしゃ》となりて往生《おうじょう》す」とも言っています。

法然は智慧《ちえ》第一の法然と呼ばれていたほどの人ですし、最澄《さいちょう》も若い時から衆《しゅう》にぬきんでた秀才でした。決して愚人《ぐじん》などではありません。彼等のいう愚とは、真実の智慧とは遠い、不真実のわが身をさしています。それは徹底的に自己反省して、自分は煩悩《ぼんのう》の固まりの凡夫だと反省して自分を卑下《ひげ》し責めているのです。

親鸞も師に倣《なら》い、わが身を愚者ときめつけました。

禿は「かむろ」で、長髪でもなく、髪を剃った僧形でもなく、非僧非俗の立場をあらわしたのです。還俗させられてからは、髪を剃れないので、のび放題で禿になっていたのでしょう。

親鸞はこの時、自分のことを「愚禿釈親鸞」と呼んでいます。釈をつけたのは、権力に還俗させられても、自分はあくまで釈迦の弟子だとの誇りを強調したかったのでしょう。

25 無常を歌う「いろは歌」

いろはにほへどちりぬるを
わがよたれぞつねならむ
うゐのおくやまけふこえて
あさきゆめみじゑひもせず

色は匂へど散りぬるを
我が世誰ぞ常ならむ
有為の奥山今日越えて
浅き夢見じ酔ひもせず

伝・弘法大師《こうぼうたいし》

濁点をとり、最後に「ん」をつけて四十八文字として、かな文字の習字の手本になりました。

「いろは歌」と呼ばれている四十七文字のこの歌は、無常を歌っています。昔から弘法大師《こうぼうたいし》の作といわれていましたが、本当は作者はわかっていません。

『涅槃経《ねはんぎょう》』の聖行品《しょうぎょうぼん》の偈《げ》の、

諸行《しょぎょう》無常《むじょう》
是《ぜ》生滅《しょうめつ》法《ぽう》
生滅《しょうめつ》滅已《めつい》
寂滅《じゃくめつ》為楽《いらく》

を和歌にしたものといわれています。

26 仏をほめたたえる詩、和讃

如来大悲《にょらいだいひ》の恩徳は
身を粉《こ》にしても報ずべし
師主《ししゅ》知識の恩徳も
ほねをくだきても謝すべし

阿弥陀《あみだ》如来の大慈《だいじ》大悲の恩徳は
わが身を粉にしてもお報いせよ。
師僧や善智識の代々の高僧の恩徳も
わが骨をくだいても感謝せよ。

親鸞《しんらん》「如来大悲」

親鸞《しんらん》の作った和讃《わさん》です。親鸞は六十歳を過ぎ東国から京都に帰って九十歳で死ぬまでにおよそ二十部ほどの著作をあらわしています。

七十六歳の時にあらわしたのが『浄土和讃』百十八首で、つづいて『高僧和讃』百十七首をあらわしています。その後八十五歳で『正像末《しょうぞうまつ》和讃』が作られ、八十六歳で仕上げています。この三つの和讃を「三帖《さんじょう》和讃」といい、よく知られています。その中でも「如来大悲《にょらいだいひ》」のこの和讃は殊《こと》に世に広く伝わっています。

「和讃」とは日本語で書いた仏をほめたたえる詩ということです。散文でなく詩ですから感情豊かに歌いあげています。七五調四行四句という形式で統一されています。「今様《いまよう》」と形式が同じですが、「和讃」の方が先に作られたようです。はじめは比叡山の天台宗の中で生れ、成長し、後世各宗派でそれぞれつくられるようになってきます。

中でも浄土宗の和讃が多いようです。

中味はすべて仏に対する帰依《きえ》と讃仰《さんぎょう》を歌いあげています。親鸞の和讃は格調高く洗練されているのが特徴とされています。

身を粉にしてもとか、骨を砕きてもとか、過激な言葉をあげて、仏への報恩感謝をせよと高らかに歌っています。すべし、せよという命令口調が多いのは、親鸞の信仰の強さの反映でしょう。

和讃は黙読でなく、口誦《こうしょう》すれば、しらずしらずの間に心が癒されています。

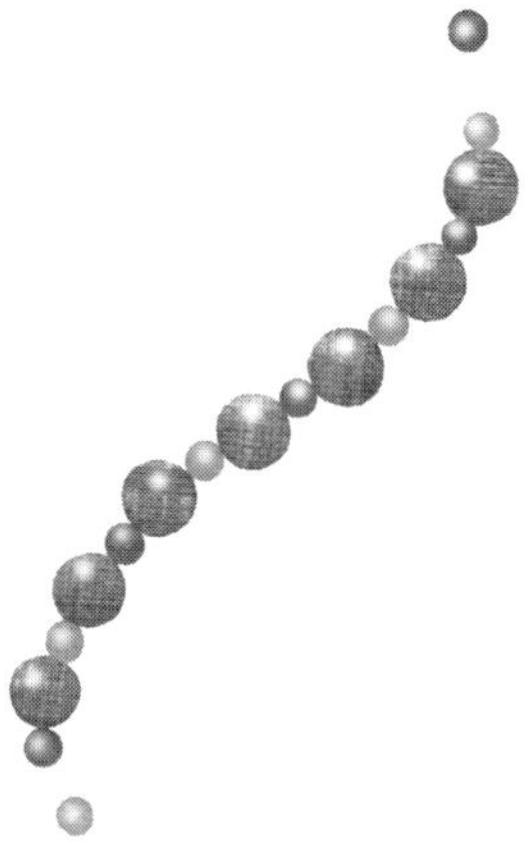

27

弥陀の本願をひたすらに

弥陀《みだ》の名号《みょうごう》となえつつ
信心《しんじん》まことにうるひとは
憶念《おくねん》の心《しん》つねにして
仏恩《ぶっとん》報ずるおもいあり
誓願《せいがん》不思議をうたがいて
御名《みな》を称する往生《おうじょう》は
宮殿《くでん》のうちに五百歳《さい》
むなしくすぐとときたまう

「阿弥陀《あみだ》の十八願《じゅうはちがん》」

「阿弥陀《あみだ》の十八願《じゅうはちがん》」、すべての人を浄土へ導くという本願《ほんがん》を疑うことへの戒めです。

「弥陀《みだ》の名号《みょうごう》となえつつ」というのは「南無阿弥陀仏《なむあみだぶつ》」のお念仏を常に口に称《とな》えながら生活する人をいうので、この人はまことの信心《しんじん》を得ている人をさします。「憶念《おくねん》の心《しん》つねにして」とは、心の底に常に絶えず弥陀の誓願《せいがん》を信じる心がつづいているということ。「仏恩報《ぶっとん》ずるおもい」とは仏の法恩に感謝すること。疑わず真心一心で感謝する心は、見返りを求めません。感謝の思いをこめて念仏せよという意味です。

阿弥陀の誓願を疑いながら、南無阿弥陀仏を称えて往生すると、宮殿の中に五百歳も閉じこめられていなければならないと仏さまはさとされているというのです。

これは『大無量寿経《だいむりょうじゅきょう》』の下巻の中に、お釈迦《しゃか》さまは浄土に二種類の人がいると説かれて、本当の信心をいただいた人々は「化生《けしょう》」と呼ばれます。それに対し「胎生《たいしょう》」と呼ばれる人々もいて、その人たちは、弥陀の誓願を疑ったり、不純な心を持ったまま、それでも阿弥陀さまの誓願の力によって浄土につれてこられた人々です。この人たちは浄土の片すみに閉じこめられた状態でいます。母胎の中にいるようで他の世界の見えない状態をさします。

宮殿《くでん》とは胎宮《たいぐ》と同じです。宮殿といえば立派そうに聞えますが、ここでは牢のようなところに当ります。自分のはからいを捨て、まっすぐ弥陀の本願を信じておすがりせよという戒めの歌です。

28 仏道を求めて修行すれば

道心《どうしん》の中に衣食《えじき》あり
衣食の中に道心なし

最澄《さいちょう》「伝述一心戒文《でんじゅついっしんかいもん》」

天台宗《てんだいしゅう》の開祖伝教《でんぎょう》大師最澄《さいちょう》の「伝述一心戒文《でんじゅついっしんかいもん》」の言葉です。
道心《どうしん》とは、仏教を学び、仏道を実践する心をさします。衣食《えじき》とは衣食住のことです。

最澄は、仏道を求めて、修行の努力を重ねる向上心があれば、衣食住のことは心配しないでも、目的を達成するために必要な、住いも食べ物も着るものも、自然に与えられるといわれるのです。それらを調達する金銭を恵まれたり、その物を贈られたりするということでしょう。出家者の場合は、布施《ふせ》としてそれをいただくことがあります。

一方いくら生活に恵まれ、立派な家に住み、美しい着物を身につけ、美味しい食事を充分食べていても、そういう生活の中からは、心が安逸に流され、仏道を求めて修行しようという心は生れません、といわれています。

物質ばかり追い求めている今日の社会現象の中では、真の求道者《ぐどうしゃ》となることはかえって困難なのです。

29

人間に生れたありがたさ

夫《そ》れ一切《いっさい》衆生《しゅじょう》、三悪道《さんなくどう》をのがれて人間に生《むま》るること大《おおい》なるよろこびなり

人間に生れるということは大変な幸運で非常に喜ばしいことなのだ。たとえば、人間に生れてどんなみじめな境遇だとしても、動物に生れるよりはましだし、いくら貧乏でも、餓鬼道《がきどう》に堕《お》とされて、飢えの苦しみにのたうつよりは、何とか耐えていかれよう。

願いごとが少しもかなわない不平不満があっても、地獄で責苦にあうよりはましだろう。

恵《え》心《しん》僧《そう》都《ず》源《げん》信《しん》『念《ねん》仏《ぶつ》法《ほう》語《ご》』

恵心僧都源信《えしんそうずげんしん》（九四二―一〇一七）の『念仏法語《ねんぶつほうご》』の中の最初の言葉です。

三悪道とは、地獄、餓鬼《がき》、畜生《ちくしょう》の三つの世界をいいます。

天台宗《てんだいしゅう》の僧侶なのに『往生要集《おうじょうようしゅう》』を著わし、日本浄土教に大きな影響を与えた源信は、横川《よかわ》に住み、横川の僧都とも呼ばれ、『源氏物語』にイメージモデルとしても書かれています。

人間に生れることをわれわれは当然のように思っているが、恵心僧都は、人間に生れたからこそ、仏の教えにめぐりあい、仏の智慧に照らされて、命の尊さ有難さに目覚め、生きる意味を知ることができるというのです。

人間に生れることは、須弥山《しゅみせん》という高い巨《おお》きな山の山頂から、その麓《ふもと》においた針に糸を通すほど困難なことだと経典にも書かれています。

近頃は、命の有難さがわからず、自殺者が激増しているし、「なぜ人を殺してはいけないのか」とか平気でいう若者が増えました。情けないことです。

30 言葉の魔術師の祈り

虚空《こくう》尽《つ》き
衆生《しゅじょう》尽き
涅槃《ねはん》尽きなば
我が願《ねがい》も尽きなん

空海《くうかい》「高野山万灯会願文《こうやさんまんどうえがんもん》」

空海《くうかい》晩年の願文《がんもん》「高野山万灯会願文《こうやさんまんどうえがんもん》」の一節。この願文は傑作といわれ、この四句はとりわけ有名です。

尽の一字のくり返しが音楽的効果をあげ、口にすると壮快な響きがあります。

『秘蔵宝鑰《ほうやく》』の中の、

「生まれ生まれ生まれ生まれて生の始めに暗く、死に死に死に死んで死の終りに冥《くら》し」

という偈頌《げじゅ》の中の「生」と「死」の四度の反復、くり返しの感動に通じるものがあります。

空海は言葉の魔術師で、その調子のよさが口誦《こうしょう》する時、いっそう効果的に響きます。

31 人の生涯の時間は決められている

夫《それ》、人間の浮生《ふしょう》なる相《そう》を、つら〳〵観《かん》ずるに。おほよそはかなきものは、この世の始中終《しちゅうじゅう》、まぼろしのごとくなる一期《いちご》なり。されば、いまだ萬歳《まんざい》の人身《にんじん》をうけたりといふことをきかず、一生すぎやすし。いまにいたりてたれか百年の形体《ぎょうたい》をたもつべきや。我《われ》やさき、人《ひと》やさき、けふともしらずあすともしらず。おくれさきだつ人は、もとのしづくすゑの露《つゆ》よりもしげしといへり。されば、朝《あした》には紅顔《こうがん》ありて、夕《ゆうべ》には白骨《はっこつ》となれる身なり。

「白骨《はっこつ》の章」といって、通夜のときなど、真宗の僧侶が称えられるのでよく耳にするお経です。まだあとがつづき、「人間の命のはかなさを思ひ誰も阿弥陀仏《あみだぶつ》をふかくたのみ、念仏を申すべきものなり、あなかしこ〳〵」と結びます。

人間には定命《じょうみょう》というのがあって、生れた時からその人の生涯の時間は決められているのです。本人がそれを知らないのは、仏の恩寵《おんちょう》でしょうか、劫罰《ごうばつ》でしょうか。

32 人間はもともと仏

衆生《しゅじょう》本来仏なり
水と氷の如くにて
水を離れて氷なく
衆生の外に仏なし
衆生近きを知らずして
遠く求むるはかなさよ

白隠《はくいん》禅師『坐禅和讃《ざぜんわさん》』

白隠《はくいん》禅師の『坐禅和讃《ざぜんわさん》』の冒頭の句です。一般の民衆にわかり易く坐禅の根本思想や効能や功徳《くどく》を説いた歌です。

「坐禅のうた」ということです。七五調で全篇四十四句で作られています。臨済宗《りんざいしゅう》では一般在家の人々と坐禅したり、老師の提唱（教え）を聴いたりするときに、木魚にあわせて唱和します。

終りの方は、次のように結ばれています。

無念の念を念として
謡《うた》うも舞うも法《のり》の声
三昧《ざんまい》無碍《むげ》の空しろく
四智円明《しちえんみょう》の月さえん
此《こ》の時何をか求むべき
寂滅現前《じゃくめつげんぜん》するゆえに
当所即《すなわ》ち蓮華国《れんげこく》
此の身即ち仏なり

坐禅をしっかりやれば心の煩悩《ぼんのう》も消えてしまい、歌も踊りもみんな仏法のありがたい讃嘆の声になってしまう。迷いの雲ひとつ無くなった空に、悟りの月が皓々《こうこう》と光り輝いている。

この時、これ以上何を求めよう。迷いの消えて清浄《せいじょう》な地に今立っているここそが、蓮華《れんげ》の花咲く極楽《ごくらく》浄土でなくてなんであろう。

そしてこの身はそのままもったいなくも仏となっているのである。

坐禅《ざぜん》の功徳《くどく》というべきものを、何と朗《ほが》らかに歌いあげていることでしょう。白隠禅師《はくいんぜんじ》は「南無地獄大菩薩《なむじごくだいぼさつ》」という雄渾《ゆうこん》な一行の文学を書き遺していることでも有名です。

白隠さんと人々に親しまれています。正しくは白隠慧鶴《えかく》禅師（一六八五―一七六八）、徳川中期の高名な禅僧で、日本臨済禅中興《りんざいぜんちゅうこう》の祖《そ》ともあがめられています。八十四歳の生涯でした。

後半生は出家、在家を問わず坐禅の重要性を教えることに奉仕しています。

人間はもともと仏なのだ。それを知らないのは人間で、自分の内の仏に気づかず、遠くに仏を探し求めている、という和讃の歌い出しは、これを称える人々に大きな安心と誇りを与えたことでしょう。

『法華経《ほけきょう》』の巻七に「常不軽菩薩品《じょうふきょうぼさつほん》」というのがあり、その中に、常不軽《じょうふきょう》と呼ばれる僧がいると出ています。この僧は、誰を見ても必ず合掌《がっしょう》して、

「わたしは深くあなたを敬《うやま》います。あえて軽《かろ》しめたり、あなどったりはしません。なぜなら、あなたがたは皆、菩薩《ぼさつ》の道《どう》を行《ぎょう》じて仏となることがおできになるからです」

とほめたたえます。つまり、人はすべて、仏になる要素を抱いている尊い存在だから合掌するというのです。

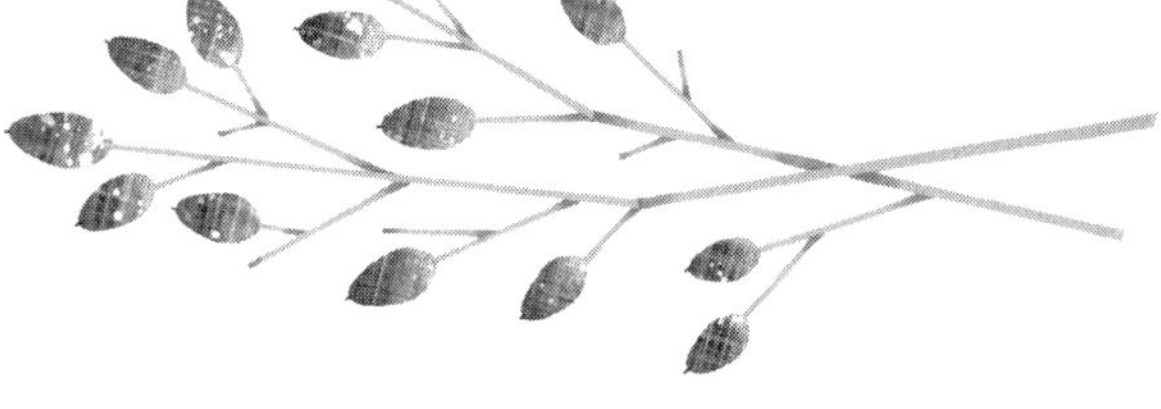

33 すべての菩薩の誓いの言葉

衆生《しゅじょう》無《む》辺《へん》誓願《せいがん》度《ど》
煩悩《ぼんのう》無《む》尽《じん》誓願《せいがん》断《だん》
法門《ほうもん》無《む》量《りょう》誓願《せいがん》学《がく》
仏道《ぶつどう》無《む》上《じょう》誓願《せいがん》成《じょう》

限りなく存在するすべての生きものを救うことを誓います。
尽きることない多くの煩悩を断つことを誓います。
無量にある仏の教えをすべて学ぶことを誓います。
この上ない最上の仏道を修し悟りを成就することを誓います。

『四《し》弘《ぐ》誓願《せいがん》』

『四弘誓願《しぐせいがん》』と呼ばれているお経です。すべての菩薩《ぼさつ》が起す誓いの言葉なので「総願《そうがん》」とも呼ばれます。各宗派によって少しずつ違いのあることもあります。

ここにあげたのは天台宗《てんだいしゅう》で用いられている形です。

34 愛情のこもったやさしい言葉を聞けば

むかいて
愛語《あいご》をきくは
おもてを喜ばしめ
心を楽しくす
むかわずして
愛語を聞くは
肝に銘じ、魂に銘ず

面と向って、直接
やさしい言葉をかけられたら、
思わず顔が喜びで笑み
心は楽しく嬉しくなる。
人づてにやさしい言葉を聞いたなら、
嬉しさ、有難さは
心に深く刻みつけられ、
一生忘れることはない。

道元《どうげん》『正法眼蔵随聞記《しょうぼうげんぞうずいもんき》』

道元《どうげん》（一二〇〇—一二五三）の『正法眼蔵随聞記《しょうぼうげんぞうずいもんき》』の言葉です。愛語《あいご》とは愛情のこもったやさしい言葉です。人間は他愛なくも、直接自分にやさしい言葉を聞くのも嬉しいけれど、それ以上に、嬉しいのは自分のいないところで、自分のことをほめられたと聞いた時でしょう。

35 他人の長所をとりあげて

人皆
己々の得たる所
一つあるものなり
その所得《しょとく》をとりて
これを用うれば
すなわち人を捨てず

人は誰でも、それぞれ長所が
一つはあるものです。
その人の持っているいいところをとりあげて
その人に仕事をさせるなら、
どんな人でも役に立ち
見捨てることはできない。

沢庵宗彭《たくあんそうほう》『東海夜話《とうかいやわ》』

沢庵宗彭《たくあんそうほう》（一五七三―一六四五）の『東海夜話《とうかいやわ》』の中の言葉です。

江戸時代初期の禅僧ですが、武芸者との交流が多く、彼等に禅の心を教え兵《ひょう》法《ほう》の極意を悟らせています。その一人に有名な宮本武蔵がいました。

36 一心に願うことは

切に思うことは
必ずとぐるなり
強き敵、深き色
重き宝なれども
切に思う心
ふかければ
必ず方便《ほうべん》も
出《い》で来る様《さま》あるべし

一心に強く深く、思い願うことは、
必ずいつかは成し遂げることができます。
どんなにてごわい強い敵でも勝つことができます。
どれほど上等の高価な宝でも
一心にそれを手に入れようと思えば、
かならず、その方法が見つかり、
手に入れることが可能なのです。

道元《どうげん》『正法眼蔵随聞記《しょうぼうげんぞうずいもんき》』

道元《どうげん》の『正法眼蔵随聞記《しょうぼうげんぞうずいもんき》』の中の言葉です。切に思うことは切に生きることです。私は「切に生きる」を座右の言葉にしています。

37

己を忘れて他人のために

悪事を己《おのれ》に迎え
好事《こうじ》を他に与え
己を忘れて他を利するは
慈悲の極《きわみ》なり

悪いことは自分が引き受け
好いことは他の人に与え、
自分のことは忘れて
他人の幸せを図るのは
慈悲の最高のものです。

最澄《さいちょう》『山家学生式《さんげがくしょうしき》』

最澄《さいちょう》の『山家学生式《さんげがくしょうしき》』の中の言葉です。これを漢字では「忘己利他《もうこりた》」と書きます。忘己利他は大乗《だいじょう》仏教の根本精神です。今の世の中は他人を押し倒してでも自分が利益を得ようとする浅ましい人々で満ちています。

38

花はどんなに愛し惜しんでも

華《はな》は愛惜《あいじゃく》によりて落《お》ち
草《くさ》は棄嫌《きけん》を逐《お》うて生ず

花はどんなに愛《いと》し惜《お》しんでも
かならず散ってしまいます。
雑草は、どんなに人に嫌われても
かならず生えてはびこりつづけるだけです。

牛頭山精《ごずさんせい》

牛頭山精《ごずさんせい》（生没年未詳）は、中国五代《ごだい》の禅僧です。道元《どうげん》禅師の『正法眼蔵《しょうぼうげんぞう》』の冒頭の「現成公案《げんじょうこうあん》」の章の中に、牛頭山精のこの詩が引用されています。道元は、「華は愛惜《あいせき》にちり、草は棄嫌《きけん》におふるのみなり」と引用しています。

39 人の世は好いことずくめではない

人の世は、好事《こうじ》ばかりにて
立ち往くものには非《あら》ず
地震、雷、火事、大水《おおみず》
種々の災変も皆人の世に備《そな》わりし事

この人間の世界は
いい事ばかりで成り立っていく
ものではない。
地震、落雷、火事、大水など
様々な天災、人災が、
すべてこの世に具わっているのだ。

慧澄《えちょう》『仏心印記《ぶっしんいんき》饒舌談《じょうぜつだん》』

慧澄《えちょう》（一七八〇―一八六二）、江戸時代後期の天台宗の学僧。紀州粉河《こかわ》の十禅院《じゅうぜんいん》の開基《かいき》。この語は慧澄の『仏心印記饒舌談《ぶっしんいんきじょうぜつだん》』にあります。

二十一世紀の現代にも、世界の至る所で地震、洪水などによる大きな災害がつづいている。その上、戦災が加わる。テロの恐怖もある。当たり前のことだけれど、私たちは、すぐ前の事実を恐れて、災害の起るたび、あわてふためいています。

40 白秋の仏教語詩

滴《したた》るものは日のしづく
静かにたまる眼の涙
人間なれば堪へがたし
真実一人《ひとり》は堪へがたし
（後略）

北原白秋《きたはらはくしゅう》「永日礼讃《えいじつらいさん》」

北原白秋《きたはらはくしゅう》（一八八五―一九四二）の「永日礼讃《えいじつらいさん》」と題した詩です。前書として、「ひと日海のほとり、斜なる草原の中に寝ころびぬ。日の光十方にあまねく、身をかくすよすがもなし。真実にただひとり、人間ものもあらざれば感極まりて乃《すなは》ち涙をぞ流しける」

とあります。白秋は天才詩人として早くから世にもてはやされ、晩年は国民詩人とあがめられる存在でしたが、享年《きょうねん》は五十八で、死ぬには惜しい年齢でした。天才詩人の名が高くなった頃、隣家の夫人俊子《としこ》と恋に堕ち、その夫に姦通罪《かんつうざい》で訴えられ、二人で獄に捕えられました。この人生のはじめての蹉跌《さてつ》で、白秋はしばらく、三浦三崎へ隠れるように住み、世間の目を逃れ、この不始末と汚濁のどん底から再生しようともがいていました。

その間に作品の中に今までに見なかった仏教語が目立ってちりばめられるようになります。しかし、白秋がこの時から仏教へ回心したと見るのは誤りでしょう。

ただ「仏教語」の中に白秋は知らず知らず心の傷を癒されていったようです。明治四十五年七月六日の新聞に出た白秋姦通事件は、白秋二十八歳、俊子二十五歳でした。

三崎時代、仏教学者で哲学者で禅者でもあった公田《こうだ》連太郎との交際を深め、その影響もあって、仏教書にも親しんだらしい。

　ここに来て梁塵《りょうじん》秘抄《ひしょう》を読むときは金色光《こんじきこう》のさす心地する

などの歌が生れています。

41 霊感を得て書いた白秋の詩

真言《しんごん》

独楽《コマ》ノ光耀《カガヤキ》凝視《ミツ》ムレバ、
大千世界ノ空ノ色。
有《ウ》情《ジヤウ》輪《リン》廻《ネ》ノ独楽ナレバ、
ヲリヲリカタブク美クシク。

麗《ウラ》ラカナルカナ独楽ノ心《シン》、
赤子モ泣キ澄ム独楽ノ冴《サエ》。

独楽ハ耀《カガヤ》ク音モナク
真言秘密ノ法《ノリ》ノ声。

独楽ノ光耀極マレバ
曼《マン》陀《ダ》羅《ラ》曼《マン》珠《ズ》ノ華ゾフル。

「白金之独楽《はくきんのこま》」

三崎での生活を引きあげ、東京で霊感を得て、三日三晩で創られたのが「白金《はくきん》之《の》独楽《こま》」です。

白秋《はくしゅう》に離縁された俊子《としこ》は京都の一灯園《いっとうえん》（明治三十八年に西田天香《にしだてんこう》が開創した宗教的生活団体、またその道場）に身を投じ、しばらくそこの奉仕の生活に身を置いていました。再婚もしましたが、その結婚も破局を迎え、ひとりで死んでいます。

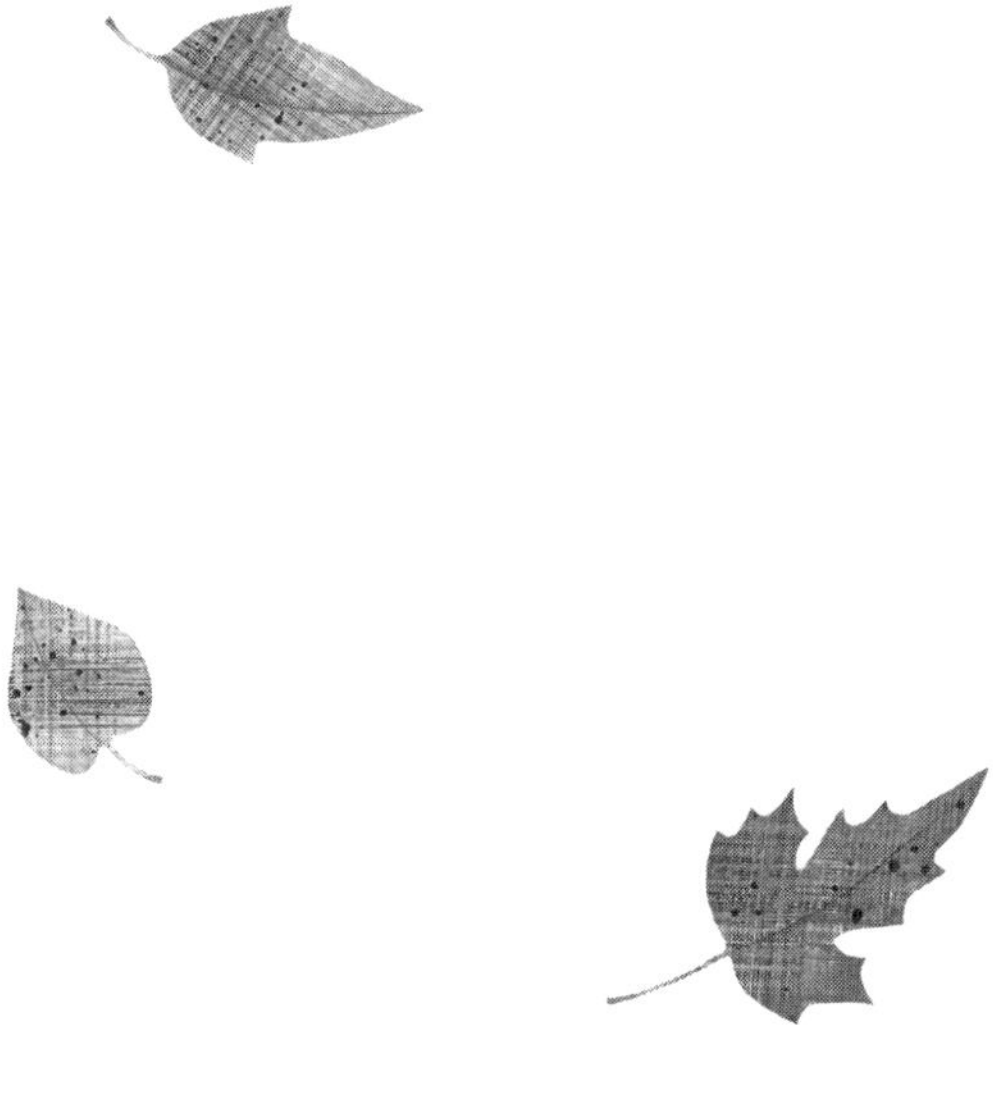

42

遊びをせんとや生れけむ

遊びをせんとや生《うま》れけむ
戯《たはぶ》れせんとや生れけん
遊ぶ子どもの声聞けば
わが身さへこそ揺るがるれ

…………………

遊ぼうとして生れてきたのだろうか。
戯れをしようとして生れてきたのか。
無心に遊びに熱中している
子供たちのはしゃぐ声を聞いていると、
自分の体まで、いそいそと浮かれ動いてくる。

『梁塵秘抄《りょうじんひしょう》』

『梁塵秘抄《りょうじんひしょう》』の中の最もポピュラーな歌です。

『梁塵秘抄』は十一世紀後半から約二百年ほど愛唱された歌謡を集めたものです。今でいえば流行演歌でしょうか。「今様《いまよう》」と呼ばれていました。歌の内容が「今めかし」つまり現代風だということからついた名です。編纂したのは後白河院《ごしらかわいん》でした。鳥羽《とば》天皇と待賢門院《たいけんもんいん》藤原璋子《しょうし》の皇子として生れ、二十九歳で即位、在位三年で院政を敷き三十二年間院を執りつづけました。

43

韻律の美しい仏教的「今様」

空より華《はな》降り地《じ》は動き
仏の光は世を照らし
弥勒文殊《みろくもんじゅ》は問ひ答へ
法華《ほっけ》を説くとぞかねて知る

空から曼陀羅華《まんだらげ》や曼珠沙華《まんじゅしゃげ》が
雨のように降りそそぎ、
大地は歓喜に震動した。
釈尊《しゃくそん》の眉間《みけん》の白毫《びゃくごう》から放つ光は
広い八千世界を照らし出した。
その時弥勒《みろく》と文殊《もんじゅ》の二菩薩《ぼさつ》は問答をかわし、
これから始まる釈尊の
「法華経《ほけきょう》」の説法を予知したのであった。

『梁塵秘抄《りょうじんひしょう》』

これから釈尊《しゃくそん》が霊鷲山《りょうじゅせん》で『法華経《ほけきょう》』を説法される直前の、緊張し、美しい瑞《ずい》奇《き》のあらわれた劇的な様子を躍動的に歌いあげています。今様《いまよう》には仏教から題材をとったものが多く、後白河院《ごしらかわいん》も出家して法皇となっていて、自分の極楽往生《ごくらくおうじょう》を確信していました。

鷲《わし》の御山《みやま》の法《のり》の日は
曼《まん》陀《だ》羅《ら》曼《まん》殊《じゅ》の華降りて
栴《せん》檀《だん》沈《じん》水《すい》満ち匂ひ
六種《むくさ》に大地ぞ動きける

……………………

いよいよ霊鷲山《りょうじゅせん》で釈尊《しゃくそん》の説法が始まった日は、
空から天華《てんげ》がたくさん降りそそぎ、
かぐわしい名香《めいこう》の匂いがあたりを包み、
その場は荘厳されました。
大地は歓喜して震動しました。

華や香の名を具体的にあげて、韻律《いんりつ》の美しさを強調しています。口誦《こうしょう》するだけで、心が晴々とする歌です。

今様《いまよう》には男女の情の歌も多いのです。たとえば、

ただ人は情《なさけ》あれ
夢の夢の夢の
昨日は今日の古《いにしえ》
今日は明日《あす》の昔
（『閑吟集《かんぎんしゅう》』）

44

別れの詩、サヨナラダケガ

君に勧《すす》む　金《きん》屈《くつ》巵《し》
満酌《まんしゃく》　辞するを須《もち》いず
花発《ひら》けば　風雨多し
人生　別離足《た》る

于《う》鄴《ぎょう》

コノサカヅキヲ受ケテクレ
ドウゾナミナミツガシテオクレ
ハナニアラシノタトヘモアルゾ
「サヨナラ」ダケガ人生ダ

井伏《いぶせ》鱒二《ますじ》の訳詩

唐《とう》も末のころの于鄴《うぎょう》という詩人の「酒を勧《すす》む」という詩です。于鄴の伝記はあまりわかっていません。

友人との別れの際に、送別の宴会を開くのは、唐の人たちの間では習慣でした。この詩もそういう場で、別れて旅立つ友人に送った詩でしょう。「金屈巵《きんくつし》」は把《とっ》手《て》のついた金属製のコップです。「満酌《まんしゃく》」は盃一杯になみなみとつぐことです。「不須」は必要がない。盃一杯に酒をついでもらっても辞退はしないということでしょう。美しい花が開けば、風雨も多く、すぐ散らしてしまう。人生というのは別離で一杯だ。

仏教的に見なくても、この世は無常です。会うは別れの始めです。

この詩を日本の小説家で詩人の井伏鱒二《いぶせますじ》さん（一八九八―一九九三）が訳しています。この訳詩の方が今では原詩より有名です。くさくさした時、この訳詩を声をあげて誦《うた》うと胸がすっきりします。

45

信心すでにえんひとは

仏慧《ぶつえ》功徳《くどく》をほめしめて
十方《じっぽう》の有縁《うえん》にきかしめん
信心《しんじん》すでにえんひとは
つねに仏恩《ぶっとん》報ずべし

仏の智慧やその功徳を讃仰《さんぎょう》して、
十方の人々に聞かせよう。
すでに信心を得た人は、
常に仏の法恩を忘れず
それに報いるようつとめなさい。

親鸞《しんらん》『讃阿弥陀仏和讃《さんあみだぶつわさん》』

親鸞の和讃で、『讃阿弥陀仏和讃』の四十八番目のものです。

46

山のあなたの空遠く

山のあなたの空遠く
「幸《さいわい》」住むと人のいう。
噫《ああ》、われひとと尋《と》めゆきて、
涙さしぐみ、かえりきぬ。
山のあなたになお遠く
「幸《さいわい》」住むと人のいう。

上《うえ》田《だ》敏《びん》の訳詩

ドイツの詩人カール・ブッセ（一八七二―一九一八）の詩を、上田敏《うえだびん》（一八七四―一九一六）が訳した美しい詩。

目をあげて山を仰ぐ時、人は思わず故知らぬ敬虔な想いに打たれます。見上げるはるかな山には人間を超えた聖なる霊が宿ると古代の人は信じたのです。そしてその山の向うの未知の世界にはきっとすばらしい幸があるにちがいないと憧れたのでしょう。けれども幸を求めてはるばる山を越えてみれば、そこには何も新しい発見はなく、失望に涙ぐんでまた山を越え帰ってくるばかりなのでした。

少女の頃覚えた歌はいつまでも頭と心に焼きついています。誰でもそんな詩の一つや二つはあることでしょう。

47 常にプラス思考で生きるには

心暗きときは、すなわち遇うところ
ことごとく禍《わざわい》なり
眼《まなこ》明らかなれば、途《みち》に触れて皆宝なり

自分の心が沈んでいて、憂鬱《ゆううつ》に閉ざされている時は、何を見ても聞いても面白くなく、心は晴れません。そればかりか益々《ますます》心が暗く沈んでいきます。それと反対に心が明朗で、目が光明に向っている時は、すべてが明るく輝いて見え、生きている喜びにあふれてきます。

空海《くうかい》『性霊集《しょうりょうしゅう》』

空海《くうかい》の『性霊集《しょうりょうしゅう》』第八の言葉です。

この世は明暗が同居していて、喜びも悲しみもまざったのが人間の生活です。心を常にプラス思考にして明るく保ち、悲しみを寄せつけないようにしたいものです。

48 すべてのものに仏性がある

一切衆生悉有仏性《いっさいしゅじょうしつうぶっしょう》

……

この世に生きているすべてのものには、本来仏性が具《そな》わっている。

『涅槃経《ねはんぎょう》』

性善説の立場をとっての言葉です。けれども世人《せじん》は煩悩《ぼんのう》にさえぎられて、それが見えなくなっています。常不軽菩薩《じょうふきょうぼさつ》は、逢う人すべてに合掌《がっしょう》したのです。その人の中に仏性《ぶっしょう》があると信じたからです。

49 殺すなかれ

すべての生きものにとって生命が愛《いと》しい
己が身にひきくらべて殺してはならぬ

『ウダーナヴァルガ』

『ウダーナヴァルガ』は原始経典の一つです。インド哲学・仏教学者の中村元《はじめ》氏（一九一二―一九九九）は「感興《かんきょう》のことば」と訳されています。

この世に生きているすべてのものにとって自分の生命は大切でこよなく愛しい。自分がそう思うように他の人々にとっても、その人の生命は大切で愛しいのです。自分が殺されたくないと思うように、他の人の生命を奪い殺してはならないのです。

仏教が最も重んじる戒律は不殺生《ふせっしょう》です。

殺すなかれ、殺させるなかれという釈尊《しゃくそん》の教えは今も守らなければなりません。

50 独りで歩め

犀《さい》の角《つの》のようにただ独り歩め

『スッタニパータ』

愚かな者を道づれとするな
独りで行くほうがよい
独りで歩め

『ダンマパダ』

『スッタニパータ』も『ダンマパダ』も原始経典といわれる旧《ふる》いお経です。中村元《はじめ》氏は『スッタニパータ』を「ブッダのことば」、『ダンマパダ』を「真理のことば」と訳されています。『ダンマパダ』は『法句経《ほっくぎょう》』という名でよく知られています。経はすべて釈尊《しゃくそん》の言葉を弟子たちが釈尊亡きあとに書き残したものです。旧いお経ほど、生きていた釈尊の息吹をありありと感じとれます。

人生の真実を求める修行は、群をなしてはせず、独りで孤独に耐えながら求めるべきだという教えです。

51

言うは易く行うは難し

諸悪莫作《しょあくまくさ》　衆善奉行《しゅぜんぶぎょう》
自浄其意《じじょうごい》　是諸仏教《ぜしょぶっきょう》

あらゆる悪いことをしてはならない、
多くの善をつみ行いなさい。
自分の心を浄らかにしなさい、
これこそが多くの仏の教えです。

『七仏通戒偈《しちぶつつうかいげ》』

唐《とう》の詩人白楽天《はくらくてん》（白居易《はくきょい》、七七二―八四六）が杭州《こうしゅう》の長官になって赴任した時、その土地で常に木の上で坐禅しているので鳥窠上人《ちょうかしょうにん》と呼ばれて人々に尊敬されている道林《どうりん》という禅僧に逢いました。白楽天が道林禅師に、

「仏教とは何か、一言で教えて下さい」

と問うた時の道林の答えが、この言葉です。

白楽天はがっかりして、

「そんなことなら三歳の子供でも知っている」

と言うと、道林は即座に答えたのです。

「しかし八十歳の老人でも行えない」

52 愛する人に死別することは

哀《あわ》れなるかな、哀れなるかな
また哀れなるかな
悲しいかな、悲しいかな
重ねて悲しいかな

空海《くうかい》『性霊集《しょうりょうしゅう》』

愛する人に死別することは、この世の苦の中でも最も辛《つら》いものでしょう。それでも人間ははじめから死すべき者としてこの世に生れているのです。死はいつ襲ってくるかわかりません。病気、事故、天災、戦災、あらゆることで人の命はもろくはかなく奪われます。

空海《くうかい》のような秀れた高僧でも、愛弟子《まなでし》、智泉《ちせん》のあまりにも早い死にあい、これほど悲しんでいます。素直な弱さをかくさない空海の人間味に感動させられます。

53

嘆き悲しんでばかりいても

朝夕涙を流し
日夜に慟《いたみ》を含むといえども
亡魂《なきたましい》に益なし

……………

こんなに毎日朝夕ずっと嘆き悲しんで涙を流してばかりいても、亡くなった人の魂には何の益もないのではないか。

空海《くうかい》『性霊集《しょうりょうしゅう》』

愛弟子《まなでし》の逆縁《ぎゃくえん》の死に、手放しで嘆き悲しんではばからなかった、同じ空海《くうかい》の言葉です。

泣くだけ泣いたあとで、空っぽになった魂が感じるのは、果して亡き人の魂を慰めるにはどうすればいいか、ということです。

それはお経をあげたり、写経をしたりして回向《えこう》につとめることばかりではなかったと気づくでしょう。そして平常心を取りもどし、健康でよく働くことが、亡き人の魂を慰めることになるのです。さらに、亡き人を忘れないということが、何よりの新仏《にいぼとけ》への功徳《くどく》になるのです。

54 煩悩の凡夫のままで救われる

不《ふ》断《だん》煩《ぼん》悩《のう》得《とく》涅《ね》槃《はん》

…

煩悩を断たずして涅槃を得るなり。

親鸞《しんらん》『正《しょう》信《しん》念《ねん》仏《ぶつ》偈《げ》』

親鸞《しんらん》の『正信念仏偈《しょうしんねんぶつげ》』、略して『正信偈《しょうしんげ》』といわれる中の句です。偈《げ》とは漢文の偈《うた》です。全部で八百四十文字で真宗門徒《しんしゅうもんと》は「おつとめ」として仏前で朝晩読《どく》誦《しょう》しつづけています。

親鸞は自分が煩悩《ぼんのう》を断つ修行に励みながら、どうしても自分の煩悩を断ちきれないことに悩んだあげく、師法然《ほうねん》に他力の念仏の道に導かれ、煩悩の凡夫《ぼんぷ》のまま救われるという信を得たのです。

涅槃《ねはん》はニルヴァーナというサンスクリットで、永遠の死を意味します。

55 虚心に阿弥陀仏を信ぜよ

雑行《ぞうぎょう》すてて　弥陀《みだ》たのめ

………

浅はかな、人間のさかしらな、はからい心を捨てて
虚心に阿弥陀仏に自分のすべてを捧げて信じなさい。

蓮如《れんにょ》『御文《おふみ》』

本願寺《ほんがんじ》八代法主蓮如《ほうしゅれんにょ》（一四一五―一四九九）の『御文（御文章《ごぶんしょう》）』は、四十六歳から八十四歳までに書かれた手紙で「御文《おふみ》」と呼ばれ、信徒のバイブルのようになっています。二百数十通残っている御文のすべてが、この教えに尽きるといわれています。

中国の善導大師《ぜんどうたいし》が、

「私たち人間のすることとは、どんな善行だといっても、自分の打算がまじっていて不純な毒がある。雑毒之善《ぞうどくのぜん》、虚仮之行《こけのぎょう》にすぎない」

といったことから「雑行《ぞうぎょう》」という言葉が生れたといわれています。

最後の言葉「たのめ」は南無《なむ》で、インド語のナームです。

56

苦しさを耐え忍べ

耐え忍ぶことこそ　最上の行《ぎょう》
苦しさに耐え忍ぶこそ
この上なき涅槃《ねはん》なり

『法句経《ほっくぎょう》』一八四番

生きているかぎり、この世では苦しさに出逢います。お釈迦《しゃか》さまは、この世は苦だとはっきりおっしゃっています。辛《つら》いこと、いやなこと、腹の立つことに逢った時、まずひたすら耐え忍べという教えです。その忍耐の彼方に、必ずゆるぎのない永遠の境地が開かれるのです。

涅槃《ねはん》とは古代インドの言葉サンスクリットでニルヴァーナです。涅槃とはお釈迦さまの死をさします。また涅槃とは一切の煩悩《ぼんのう》がなくなった悟りの境地という解釈もあります。ここでは後の意味でしょう。耐え忍ぶ、がまんするのは忍辱《にんにく》で、布施《ふせ》、持戒《じかい》、忍辱、精進《しょうじん》、禅定《ぜんじょう》、智慧《ちえ》の六波羅蜜《ろくはらみつ》、大乗《だいじょう》仏教の基本的な実践倫理の一つなのです。

57

中将姫の「当麻曼荼羅」

おとどの殿《との》に
機《はた》の音《ね》きこゆ
織るはマンダラ
極楽《ごくらく》のすがた
きり　はたり　ちょう
きのうは菩薩《ぼさつ》
きょうはみほとけ

（後略）

中勘助《なかかんすけ》『鳥の物語』

中将姫《ちゅうじょうひめ》が大和当麻寺《たいまでら》に入って、蓮の糸で「当麻曼荼羅《まんだら》」を織りあげた伝説にちなんで、中勘助《なかかんすけ》（一八八五―一九六五）が詩にしたものです。

中将姫の話は仏教関係の書物では『元亨釈書《げんこうしゃくしょ》』や『古今著聞集《ここんちょもんじゅう》』に載っています。横佩大臣藤原豊成《よこはきのおとどふじわらのとよなり》の娘に生れた中将姫はたいそう美しく心やさしい姫でしたが、生きた阿弥陀《あみだ》さまに逢いたいと当麻寺へこもってしまいました。ある日ひとりの老いた尼《あま》があらわれ、「百駄の蓮の茎から出る糸で曼荼羅を織れば阿弥陀さまが拝めるだろう」と言います。姫は早速、心をこめて曼荼羅を織りはじめたところ、父横佩大臣が讒言《ざんげん》を信じて姫を殺そうとします。曼荼羅が織りあがるまでは殺さないでくれと頼み、雲雀山《ひばりやま》に捨てられるのです。そこで食物もとらず、織りつづけ、ついに仕上ります。命尽きようとした時、一人の老翁《ろうおう》があらわれ、姫を天上に運びます。その人が阿弥陀で織姫《おりひめ》は観音《かんのん》だったという物語です。

58

巡礼は生きながら生れ変る

迷故三界城《まようがゆえにさんがいにしろあり》
悟故十方空《さとるがゆえにじっぽうはくうなり》
本来無東西《ほんらいとうざいなし》
何処有南北《いずくんぞなんぼくあらん》

人は心が煩悩《ぼんのう》に迷うから生きていくこの世の至るところに
欲望の城がある。
悟ってしまえば、この世は十方は広々として何のさまたげもない。
もともとこの空の世界に東も西もない。
だから南北だってどこにもないのだ。

『四句偈《しくげ》』

巡礼は菅笠《すげがさ》をかぶります。その笠に「同行二人《どうぎょうににん》」という文字と、この四句偈《しくげ》を書きます。

「同行二人」とはお大師《だいし》さまと一緒に巡礼しているつもりです。観音《かんのん》巡礼なら、観音さまと一緒です。つまりお大師さまや観音さまに守られ連れていっていただいているつもりなのです。

この四句偈は本来お棺の蓋に書きつける偈です。十方《じっぽう》空を見れば、東西南北もない、すべては迷いの心から起ることです。もし、巡礼の途中で死ねばその場に埋めてもらい、土饅頭《どまんじゅう》の上に笠をのせてもらえばお墓になったのです。持っていた杖には姓名、住所、年齢も書きこんであるので、それを立てれば、いっそう墓の形が具《そな》わります。

昔の巡礼は交通も難儀で、長い旅はいくら信仰のためといっても、命がけで決死の覚悟だったのです。白衣を着ているのは死装束のつもりです。人は巡礼に行って生れ変るのです。生れ変るには一度死ななければなりません。

59

美しくかぐわしいお経

花の香は風の流れにさからわない
栴檀《せんだん》も伽羅《きゃら》もジャスミンも
けれども善い徳のある人々の香は
風にさからっても進む
四方八方にその徳は流れていく

『法句経《ほっくぎょう》』五四番

何と美しい気持のいいお経でしょう。

くり返し音読すると、体のすみずみまで、かぐわしい花の香が流れこんでくるように思います。徳の香がそれに負けないで四方八方から風にさからってもこの体を包みこんでくれるなんて、何と幸せなことでしょう。さて自分には、そんなかぐわしい善い徳があるだろうかと、身をすぼめてしまいます。

60 人は淋しいから

木という字を一つ書きました
一本じゃかわいそうだから
と思ってもう一本ならべると
林という字になりました
淋《さび》しいという字をじっと見ていると
二本の木が
なぜ涙ぐんでいるのか
よくわかる

ほんとに愛しはじめたときにだけ
淋しさが訪れるのです

寺山修司《てらやましゅうじ》「ダイヤモンド Diamond 」

この詩をくり返し口ずさんでいると自分が一本の木になったような気がしてきます。木の淋しさに思わず涙ぐんでしまいます。人は淋しいから友をもとめ愛する人をもとめるのです。

61 わたしを平和の道具に

主よ、わたしをあなたの平和の
道具としてお使いください

アッシジの聖フランチェスコ

アッシジの聖フランチェスコ（一一八一か八二―一二二六）の祈りの言葉です。

アッシジに生れたフランチェスコは、謙遜と服従、愛と清貧の戒律によって修道生活の理想を実現しました。

アッシジへ行った時、大きなしかしどこか淋しい感じのする教会を前にして、聖フランチェスコのこの祈りの言葉がふっと浮かんできました。いつ、覚えたか全く記憶になかったのに。もしかしたら、あれは出家して間もなかったわたしに、聖フランチェスコが彼岸、いえ天国からお祝いに贈ってくれた祈りの言葉だったのかもしれません。小鳥の言葉がわかったらしい聖フランチェスコは、異国の尼《に》僧《そう》の胸の中の言葉も読みとれたのではないでしょうか。

62 マントラの不思議な呪力

オン　アボキャ　ベイロシャノウ
マカボダラマニ　ハンドマ
ジンバラ　ハラバリタヤ　ウン

「光明真言《こうみょうしんごん》」

真言《しんごん》とはサンスクリット語の「マントラ」の訳語です。呪《じゅ》、神呪《しんじゅ》などとも訳されます。

密教《みっきょう》では梵字《ぼんじ》を重んじ、真言を大切にします。空海《くうかい》の真言宗（東密《とうみつ》）、天台宗《てんだいしゅう》（台密《たいみつ》）でも梵字や諸仏の真言を大切にします。真言の長いのを陀羅尼《だらに》といい、各禅宗ではよく陀羅尼が称《とな》えられています。

真言、陀羅尼には不思議な呪力《じゅりょく》があり、正しく称えるなら、煩悩《ぼんのう》を追い払い即身成仏《そくしんじょうぶつ》もできるといわれています。また神仏など超越的な存在にも真言の呪力が働きかけると信じられています。「光明真言《こうみょうしんごん》」は、仏前でも広く称えられています。暗誦して下さい。

63

生き抜いた女の見事な一生

今生《こんじょう》のいまが倖《しあわ》せ衣被《きぬかつぎ》
戒名《かいみょう》は真砂女《まさじょ》でよろし紫木蓮《しもくれん》
羅《うすもの》や人悲しますす恋をして

鈴木真砂女《まさじょ》

鈴木真砂女《まさじょ》さんは、二〇〇三年三月、九十六歳で亡くなった俳人です。三百年もつづいている千葉の由緒ある旅館の二女に生れましたが、結婚した夫に蒸発されてから運命が狂いはじめ、波瀾万丈の暮しを送りました。五十歳で家を飛び出し、銀座に「卯波《うなみ》」という小さな呑屋を開き、その傍ら俳句にも精進をおこたらず、読売文学賞や蛇笏《だこつ》賞も受賞しています。店と恋と俳句を命綱にして生き抜いた女の一生は、見事でした。

晩年は自由自在の境地に生きていました。私の小説『いよよ華やぐ』は真砂女さんをモデルにしています。

64 祇王寺の尼僧の波瀾万丈

宝恵駕籠《ほえかご》に乗りし昔もありにけり

露《つゆ》の身《み》とすずしき言葉身にはしむ

高岡智照尼《ちしょうに》

宝恵駕籠とは、大阪今宮《いまみや》えびすの祭りに人気のある美しい芸妓《げいぎ》が乗って参詣《さんけい》する行事。作者（智照尼《ちしょうに》）は若き日その駕籠《かご》に乗ったことを思い出しているのです。

九十八歳で亡くなる前、辞世の句として用意してありました。美しい清々しい句です。

京都嵯峨野祇王寺《さがのぎおうじ》の庵主智照尼《あんじゅちしょうに》の遺詠《いえい》です。

若い時は大阪の花街で売れっ妓《こ》の舞妓《まいこ》でした。パトロンの客に貞操を疑われた時、自分で小指を切って潔白を証しましたが、その激しい気性を恐がられ、人気が落ち東京に籍を移し、照葉《てるは》の名で人気を得て、絵葉書になりました。美貌故に波瀾万丈の身の上となり、三十歳の時、突然出家して、祇王寺に入りました。

高浜虚子《きょし》（一八七四―一九五九）につき俳句を死ぬまでつづけ、九十八歳で他界するまで美しい庵主《あんじゅ》でした。私はこの人をモデルに『女徳《じょとく》』を書かせてもらっています。

65 ぎゃてい、ぎゃてい、はらぎゃてい

羯諦《ぎゃてい》羯諦《ぎゃてい》　波羅羯諦《はらぎゃてい》　波羅僧羯諦《はらそうぎゃてい》
菩提薩婆訶《ぼうじそわか》

……………

往け、往け、彼の岸へ。
いざともに渡らん、幸いなるかな。

『般若心経《はんにゃしんぎょう》』

『般若心経《はんにゃしんぎょう》』の最後の言葉です。それまでは漢訳でしたが、ここに来て、原文のサンスクリットの言葉をそのまま音写しています。原語は、「ガテーガテーパーラガテー　パーラサンガテー　ボーディー　スヴァーハー」です。私はこの真言《しんごん》を、右のように訳してみました。

弘法大師《こうぼうたいし》の『般若心経秘鍵《ひけん》』の説明によれば、

「初めのギャテイは声聞《しょうもん》の修行の成果を表わし、二番めのギャテイは縁覚《えんがく》の修行の成果を示し、三番めのハラギャテイは、さまざまな大乗《だいじょう》の最も優れた修行の成果を指し、四番めのハラソウギャテイは、真言陀羅尼《だらに》の教えの具足輪円《ぐそくりんえん》の修行の成果を明らかにしたもので、五番めのボウジソワカは、今まで説いてきたさまざまな教えの究極的な悟りに入る意味を表わすとしています。もし真言の字の形にふくまれた意味などについて解釈していくと、もっと計りしれない深い意味が出てきて、どんなに長い時間をかけても説き明かせないでしょう。もっと知りたいという人がいれば、真言密教《みっきょう》の修法を自分で行って研究しなさい」といっています。

66

『般若心経』を美しく讃美

真言《しんごん》は不思議なり
観誦《かんじゅ》すれば無明《むみょう》を除く
一字に千理《せんり》を含み
即身《そくしん》に如法《にょほう》を証《しょう》す
行々《ぎょうぎょう》として円寂《えんじゃく》に至り
去々《ここ》として原初に入《い》る
三界《さんがい》は客舎《きゃくしゃ》の如《ごと》し
一心《いっしん》はこれ本居《ほんこ》なり

弘法大師《こうぼうたいし》『般若心経秘鍵《はんにゃしんぎょうひけん》』

弘法大師《こうぼうたいし》は『般若心経秘鍵《はんにゃしんぎょうひけん》』の中でこんな美しい詩を作って、『般若心経』を讃嘆しています。

「行々《ぎょうぎょう》として円寂《えんじゃく》に至り」というのは、ギャテイギャテイと往き往きて悟りの境地に行き着くということでしょう。

「去々《ここ》として原初に入《い》る」とは、前の句が小乗《しょうじょう》の悟りで、今度のが大乗《だいじょう》の悟りの根源に達したということでしょう。あれこれ考えず声に出してこの美しい詩を味わいましょう。

67

高僧たちの法語

しやせまし、せずやあらましと思ふ事は、
おほやうは、せぬがよきなり。

…………

しようか、しないですませよう
かと迷うようなことは、
大概はしないのがよい。

明《みょう》禅《ぜん》法《ほう》印《いん》

後世を思はん者は、
糂粏瓶《じんだがめ》一つも持つまじきことなり。
持経《じきょう》、本尊《ほんぞん》に至るまで、
よき物を持つ、よしなき事なり。

死後、あの世でどう暮らそうかと考える人は、味噌を入れる瓶一つも持ってはならない。いつも仏に信心して身に持っている教本や仏壇に安置する御本尊に至るまで、立派なものを持つのはつまらないことである。

俊乗房《しゅんじょうぼう》

『一言芳談《いちごんほうだん》』の中にある言葉です。『一言芳談』は、浄土教に関係のある高僧たちの法語を百七十余り集めた語録集で、編者も成立年代も未詳。兼好法師《けんこうほうし》（一二八三頃—一三五二以降）が愛読して、この中から心に適ったものを『徒然草《つれづれぐさ》』の中に書きぬいています。ここにあげた二つも兼好の選んだものです。

明禅法印《みょうぜんほういん》のものでは、言おうかな、やめておこうかなと迷う時は、言わない方がいいに決っています。

けれども人はたいてい、迷ったあげく、それをしてしまったり、言ってしまうのです。

後にはトラブルと後悔が残るだけです。

兼好は、あと三つ事例をあげていますが、どれも出家者、遁世者《とんせいしゃ》の無欲と、世間のできごとに無関心になることをすすめています。

兼好も在家から出家した人ですが、案外、何ものも捨てきって無欲になれなかったのかもしれません。

68

人の世のはかなさ

憂《う》きも一時《ひととき》　うれしきも
思ひ醒《さ》ませば夢候《そろ》よ
思へば露《つゆ》の身《み》よ
いつまでの夕《ゆうべ》なるらむ
人の心は知られずや
真実《しんじつ》　心は知られずや

『閑吟集《かんぎんしゅう》』

『閑吟集《かんぎんしゅう》』の歌。『閑吟集』は、永正《えいしょう》十五（一五一八）年の秋成立したと、奥書《おくがき》にあります。当時はやった小歌《こうた》を集めたものです。官能的な恋の歌が多いのですが、ここにあげたのは、人の世のはかなさや、人の命のはかなさや、人の心の頼りなさを歌っています。その思いをつきつめてゆけば、仏教に救いを求める心につながっていくでしょう。

69

美しい日本を歌う僧侶

春は花夏ほととぎす秋は月
冬雪さえて冷《すず》しかりけり

道元《どうげん》

雲を出でて我にともなふ冬の月
風や身にしむ雪や冷めたき

明恵《みょうえ》

形見とて何か残さん春は花
山ほととぎす秋はもみぢ葉

良寛《りょうかん》

川端康成《かわばたやすなり》氏（一八九九―一九七二）がノーベル文学賞を受賞した時、ストックホルムのスウェーデンアカデミーで「美しい日本の私――その序説」という題の記念講演をされました。その中に引用された三人の仏教者の歌で、日本の四季のある美しい自然が、日本人の心にどう作用して美しい文学を産むに至ったかということを外国人たちに説明したようです。三つの歌は何の難しい言葉も用いておらず、読めばそのまま胸にすっと収まってしまうのです。

『源氏物語』や『枕草子』にしても、平安期の女流文学者たちが、どれほど日本の四季の自然の美しさを、心の陰翳《いんえい》に映しとっていたか、という思いを誘います。美意識が鋭敏になり、彼女たちは「美」を最高の「徳」にまで引きあげて感じとっていたのです。

70 自然の調和を歌う

花無心にして蝶を招き
蝶無心にして花を尋ぬ
花開く時蝶来たり
蝶来たる時花開く
吾《われ》もまた人を知らず
人もまた吾を知らず
知らずして帝則《ていそく》に従う

良寛《りょうかん》

良寛《りょうかん》さま（一七五八―一八三一）は禅僧ですが、生涯、寺を持たず、自由な暮しを全うしました。遺された書が珍重されていますが、歌にも、漢詩にもすばらしい才能を見せています。この詩は漢詩を訓読みしたものです。自然の調和が見事に表現されています。「帝則《ていそく》」とは自然を司る神の定めた規則というものでしょう。森羅万象《しんらばんしょう》は無心にふるまって、それが自然の掟《おきて》に適っているということでしょうか。

71　それぞれの仏さまの真言

諸尊真言《しょそんしんごん》

釈迦如来《しゃかにょらい》

オン　サルバシチケイ　ビシュダラニ　ソワカ

阿弥陀如来《あみだにょらい》

オン　アミリタ　テイゼイカラ　ウン

薬師如来《やくしにょらい》

オン　ビセイゼイビセイゼイ　ビセイジャ　サンボリギャテイ　ソワカ

薬師如来（小呪《しょうじゅ》）

オン　コロコロ　センダリマトウギ　ソワカ

大日如来《だいにちにょらい》（胎蔵界《たいぞうかい》）　オン　アビラウンケン

大日如来（金剛界《こんごうかい》）　オン　バサラダトバン

聖観世音菩薩《しょうかんぜおんぼさつ》　オン　アロリキヤ　ソワカ

十一面観世音菩薩　オン　ロケイジバラ　キリク

千手観世音　オン　バサラダルマ　キリク

地蔵《じぞう》菩薩　オン　カカカビサマエイ　ソワカ

不動明王《ふどうみょうおう》　ナマ　サマンダ　バサラナンセンダ　マカロシャナ　ソワタヤウン　タラタ　カンマン

一字金輪《いちじきんりん》　ボロン

仏を祈る時、その仏さまの真言《しんごん》をとなえればいいのです。
ソワカとは梵語《ぼんご》svāhā で功徳《くどく》あれ、成就《じょうじゅ》あれなどという言葉です。

瀬戸内寂聴

一九二二年、徳島県生まれ。東京女子大学卒業。六三年「夏の終り」で女流文学賞受賞。七三年、中尊寺にて得度。九二年『花に問え』で谷崎潤一郎賞、九六年『白道』で芸術選奨文部大臣賞、二〇〇一年『場所』で野間文芸賞、一一年『風景』で泉鏡花文学賞を受賞。〇六年に文化勲章受章。他の著書に『美は乱調にあり』『現代語訳源氏物語』『秘花』『奇縁まんだら』など多数。近著に『笑って生ききる』『愛に始まり、愛に終わる』など。

寂聴精撰《じゃくちょうせいせん》　美《うつく》しいお経《きょう》

2021年10月10日　初版発行

著　者　瀬戸内寂聴《せとうちじゃくちょう》

発行者　松田陽三

発行所　中央公論新社

〒100-8152　東京都千代田区大手町1-7-1
電話　販売 03-5299-1730　編集 03-5299-1740
URL http://www.chuko.co.jp/

DTP　平面惑星
印　刷　大日本印刷
製　本　小泉製本

Published by CHUOKORON-SHINSHA, INC.
Printed in Japan　ISBN978-4-12-005471-6 C0015

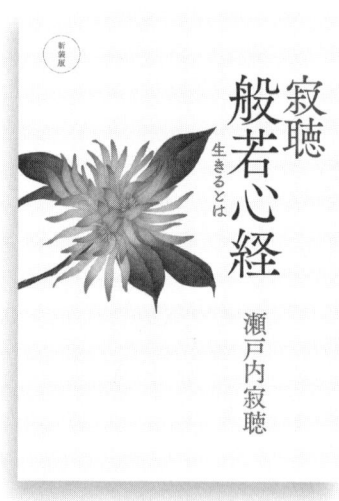